De la película

# Disney ENCANTO

© de la edición española: Editorial Planeta, S. A., 2021
Avda. Diagonal, 662-664, 08034 Barcelona (España)
www.planetadelibrosinfantilyjuvenil.com
www.planetadelibros.com
Primera edición: octubre de 2021
Segunda impresión: junio de 2022
ISBN: 978-84-9951-992-0
Depósito legal: B. 13.594-2021
Impreso en España

El papel utilizado para la impresión de este libro está calificado como papel ecológico y procede de bosques gestionados de manera sostenible.



LIBROS Disney

Hace años, cuando Alma y Pedro Madrigal se convirtieron en padres, él prometió que sus problemas quedarían atrás y que se esforzaría por construir una vida mejor para su familia.

Alma abrigó a los trillizos y, a la luz de una vela, la joven pareja se marchó en busca de un nuevo hogar.

Un grupo de gente, que también quería encontrar un lugar seguro en el que vivir, se unió a ellos.

Sin embargo, cuando llegaron a un río de aguas embravecidas, el peligro que los acechaba los alcanzó. Después de dar un último beso a Alma y a sus hijos, Pedro volvió sobre sus pasos para defenderlos.

Al ver que Pedro no regresaba, Alma se dejó caer de rodillas. Con el corazón roto, abrazó a sus bebés y suplicó que ocurriera un milagro.

Y, de pronto, ¡la vela **brilló mágicamente**!

Su intensa luz alejó la oscuridad, y **cientos de mariposas** empezaron a revolotear alrededor del resplandor.

Surgieron montañas que se alzaron hacia el cielo y, en medio de un valle exuberante, emergió su nuevo hogar. Era un sitio seguro, maravilloso y lleno de posibilidades: un **Encanto**.

Alrededor de Alma y sus hijos se erigió una casa mágica, que bautizaron con el nombre de Casita. A partir de entonces, la casa **los protegería** como si fuera un miembro más de la familia.

Con el paso de los años, la vela siguió brillando con intensidad y la magia creció de maneras inesperadas.

Los descendientes de la familia Madrigal eran bendecidos con dones especiales. Cuando llegaba el momento, cada niño recibía una **puerta resplandeciente** y descubría cuál era su propio don mágico.

Para Alma, que ya era abuela, era importante que cada miembro de la familia recibiera el milagro y compartiera con orgullo su don con la comunidad. De este modo, hacían de Encanto un paraíso.

El día en que su nieta Mirabel iba a recibir su don especial, la Abuela Alma cogió la vela mágica y le dijo:

—Esta noche, la vela te concederá tu propio don, mi vida. Fortalece a nuestra familia, fortalece a nuestra comunidad. Llena de orgullo a tu familia.

—Llenaré de orgullo a mi familia... —repitió Mirabel.

Casita las instó a prepararse. Mirabel cogió a la Abuela de la mano y le preguntó:

—¿Cuál crees que será mi don?

La Abuela la miró con los ojos brillantes, llenos de esperanza y orgullo.

—**Eres maravillosa**, Mirabel Madrigal —le dijo—. Sea cual sea el don que te espera, será tan especial como tú.

Diez años más tarde, un grupo de niños del pueblo más cercano le pidieron a Mirabel que les explicara cuál era la habilidad especial de cada miembro de la familia Madrigal. La muchacha empezó por los trillizos.

Tía Pepa podía **controlar el clima** con su estado de ánimo.

En cuanto a Tío Bruno, la familia no hablaba de él desde que había desaparecido, pero decían que podía **ver el futuro.**

Y Julieta, la madre de Mirabel, **curaba a la gente** con la comida que cocinaba.

Dolores, su prima mayor, tenía un sentido del **oído increíble**: ¡podía oír caer un alfiler!

Y el primo Camilo era capaz de transformarse en cualquier otra persona gracias a su habilidad de **cambiar de aspecto**.

El primo menor de Mirabel, Antonio, iba a **recibir su don** ese mismo día, así que todo el mundo estaba atareado con los preparativos de la ceremonia.

A continuación, Mirabel les habló de los dones de sus hermanas: Isabela, su perfecta hermana mayor, creaba **flores asombrosas**, mientras que Luisa, el pilar de la familia, era **superfuerte**. Cuando los niños quisieron saber cuál era el don de Mirabel, ella obvió la pregunta. Pero Dolores, que había oído la conversación, respondió por ella:

—Oh, Mirabel no recibió ninguno.

A los niños les supo mal por ella.

—Yo estaría muy triste en tu lugar... —dijo una niña.

—Pues no lo estoy, amiguitos. —Mirabel sonrió—. Tenga o no un don mágico, yo también soy igual de especial que el resto de mi familia.

—Tal vez tu don es vivir en negación —repuso la niña.

Mirabel se fue rápidamente a ayudar a preparar la ceremonia de Antonio. La familia utilizaba sus dones mágicos para adornar el lugar, pero Mirabel tenía que **esforzarse al máximo** para encontrar la manera de echar una mano.

Mientras intentaba cargar con una gran cesta rebosante de materiales y adornos, no pudo evitar detenerse a **admirar** las cosas fantásticas que hacían los demás.

HAPPY GIFT DAY
ANTONIO!!

Al ver lo duro que trabajaba Mirabel, sus padres se preocuparon. La ceremonia de Antonio era la primera desde la de su hija, así que sabían que iba a ser **un día difícil** para ella.

Mientras Julieta le aplicaba a su marido, Agustín, un remedio que le había cocinado para las picaduras de abeja, él le dijo a Mirabel que la entendía: él mismo se había casado con un miembro de la familia, por lo que tampoco tenía ningún don especial.

Mirabel les aseguró que estaba bien.

Cuando la Abuela vio que a Mirabel se le **caían algunos objetos**, le recordó que esa noche todo tenía que salir a la perfección.

—Todo el pueblo confía en nuestra familia, en nuestros dones. Así que... lo mejor que podemos hacer algunos de nosotros para ayudar es... mantenernos al margen, dejar que el resto de la familia haga lo que sabe hacer mejor que nadie. ¿De acuerdo?

Aunque fue incapaz de ocultar su **decepción**, Mirabel accedió a ello.

Todo el mundo seguía ocupado con los preparativos, pero al protagonista del día no se lo veía por ninguna parte. Mirabel creía saber dónde estaba. Fue al cuarto de los niños y lo encontró escondido bajo la cama.

—**No tienes que preocuparte de nada** —le dijo, tratando de tranquilizarlo.

—¿Y si no funciona? —le preguntó Antonio.

—Bien... si ocurriera esto tan imposible... te quedarías aquí en el cuarto de los niños... conmigo. Para siempre. Y te tendría solo para mí. —Le dio un **pequeño jaguar de peluche**—. Toma, te lo he hecho para que, cuando estés en tu nueva y estupenda habitación, siempre tengas algo con lo que acurrucarte.

Mirabel abrazó a Antonio antes de que Casita prácticamente los echara de la habitación a empujones. ¡La ceremonia estaba a punto de empezar!

Cuando llegó la hora de que Antonio se dirigiera a su puerta, el niño se quedó paralizado de miedo. Se volvió hacia Mirabel y le susurró:

—Te necesito.

La joven respiró profundamente, lo agarró de la mano y le dijo:

—Vamos a tu puerta.

Mientras caminaban, Mirabel empezó a revivir su propia ceremonia.

Recordó cómo había llegado a su puerta llena de entusiasmo y cómo esta se había **desvanecido**, dejándola sin **nada**, sin don especial ni magia. Tan solo le quedó un sentimiento arrollador de confusión y decepción.

Se aguantó las lágrimas y apartó esos horribles recuerdos de su mente para centrarse de nuevo en Antonio.

Cuando Antonio hizo girar el pomo de su puerta, ¡sintió que lo inundaba la magia! Pico, un tucán, se posó en su brazo y graznó.

—¡Te he entendido! —exclamó Antonio.

De pronto, aparecieron docenas de animales, que rodearon al niño y su puerta, formando una manada de lo más variopinta.

—¡TENEMOS UN NUEVO DON! —anunció la Abuela con orgullo.

Mientras la gente, maravillada, lo celebraba, el cielo se iluminó con fuegos artificiales. Antonio entró en su dormitorio y descubrió, exultante, que se trataba de una extensa selva tropical.

Cuando un jaguar llamado Parce se lo puso sobre el lomo y se lo llevó para enseñarle el lugar, con sus cataratas y palmeras, el niño soltó un grito de alegría:

—¡Uooooo-hoooo!

La Abuela rodeó a Antonio con sus brazos.

—Sabía que podías hacerlo... Es un don tan especial como tú —le dijo, estrujándolo con fuerza.

Desde la entrada del dormitorio, Mirabel los miraba y escuchaba **quieta como una estatua**. Se alegraba por Antonio, pero se sentía extrañamente sola.

—¡Tenemos que hacernos una foto! —dijo la Abuela, indicando al resto de la familia que se acercara—. Es una gran noche, una noche perfecta.

Mientras los Madrigal se reunían para hacerse la foto, Mirabel se alejó sigilosamente. Se sentía como si en realidad **no formara parte de la familia.**

La joven deambuló a solas por la casa vacía, anhelando haber tenido su momento de gloria y un don especial que compartir con los demás.

De repente, **una teja se cayó del tejado** y la sacó de sus pensamientos. Al recogerla, **se cortó** con su borde irregular. Y, entonces, ¡las baldosas del patio empezaron a despedir destellos y a romperse!

Mirabel tocó el suelo con suavidad y preguntó:

—¿Casita...?

¡CRAC! Una pequeña grieta apareció en la baldosa que había al lado de su mano.

Con los ojos como platos, Mirabel observó como la grieta se abría y empezaba a crecer. Retrocedió poco a poco mientras en el patio iban saliendo cada vez **más grietas**, que se propagaban hacia todas las direcciones.

Casita parecía quejarse mientras **las hendiduras se multiplicaban** y algunas de ellas se dirigían hacia la entrada. Mirabel las siguió hasta llegar a la vela de la Abuela y ahogó un grito cuando vio que la llama **titilaba y se atenuaba**.

Aterrorizada, la joven se fue corriendo a buscar a la Abuela.

Mirabel irrumpió en la fiesta y gritó:

—¡LA CASA ESTÁ EN PELIGRO!

La música se detuvo y entre la gente se hizo un silencio incómodo.

—Las tejas se caen, y hay grietas por todas partes... y la vela casi se ha apagado —les explicó Mirabel casi sin aliento.

—Enséñamelo —dijo la Abuela.

Todo el mundo siguió a Mirabel, pero, cuando llegaron allí, se encontraron con que **no había grieta alguna** y que la vela **brillaba con fuerza**. Mirabel se quedó estupefacta.

—Había grietas... Había grietas por todas partes —balbuceó.

—A la Casa Madrigal no le ocurre nada —determinó la Abuela. Lanzó una mirada severa a Mirabel y luego les pidió a todos que regresaran a la fiesta.

Mientras Julieta, la madre de Mirabel, preparaba un remedio para curarle la mano, hablaron sobre lo que había pasado. Todos pensaban que Mirabel se lo había inventado para arruinar la noche de Antonio, pero la joven aseguró que ella jamás haría eso.

—Ojalá pudieras verte con mis ojos —le dijo Julieta—. Eres perfecta tal como eres. Eres tan especial como cualquiera de la familia.

Julieta siguió intentando animarla, pero Mirabel insistió:

—Sé perfectamente lo que he visto.

Julieta suspiró.

—Cariño, mi hermano Bruno se distanció de la familia... No quiero que te ocurra lo mismo. Duerme un poco. Mañana te sentirás mejor.

Esa noche, Mirabel no paraba de dar vueltas en la cama, **completamente despierta**. No dejaba de pensar en lo que había visto en el patio.

Al final, mientras todo el mundo dormía, se levantó para ir a investigar. Se subió al tejado y, mientras se dirigía a la ventana de la Abuela para echar un vistazo a la vela, buscó rastros de los daños que había visto.

Pero no encontró ni una sola grieta. Todo estaba tranquilo y despejado. La casa parecía totalmente normal.

Entonces, oyó la voz de la Abuela.

Se sorprendió mucho de que todavía estuviera despierta y miró por la ventana.

La Abuela estaba hablando con una foto del Abuelo Pedro: ¡le contaba que la magia se estaba desvaneciendo!

—Si nuestra familia supiera lo vulnerables que realmente somos... Si nuestro milagro está llegando a su fin... —La Abuela se detuvo, abrumada por la emoción—. No podemos volver a perder nuestro hogar.

Mirabel escuchaba con atención, procurando no perderse ni una palabra.

—¿Por qué está ocurriendo todo esto? —preguntó la Abuela al Abuelo Pedro—. Ábreme los ojos, mi vida. Si la respuesta está aquí, ayúdame a encontrarla. Ayúdame a proteger a nuestra familia. Ayúdame a salvaguardar nuestro milagro.

Mirabel supo que esa era su oportunidad de brillar. ¡Iba a ayudar a su familia y a salvar la magia!

A la mañana siguiente, durante el desayuno, Mirabel interrogó a Dolores, esperando que con su agudo oído hubiera captado algo útil. Cuando Dolores le comentó que había oído que Luisa se había pasado la noche con un tic en el ojo, Mirabel supo que tenía que hablar con su hermana.

Sin embargo, antes de que nadie se levantara de la mesa, la Abuela **anunció algo importante**: Mariano Guzmán tenía planeado proponerle matrimonio a Isabela.

—La unión de un joven tan apuesto con nuestra perfecta Isabela traerá una nueva generación de bendiciones y fortalecerá a ambas familias —dijo la Abuela con orgullo.

Cuando todos se levantaron, Mirabel se fue en busca de Luisa.

Cuando Mirabel dio con ella, Luisa ya se había puesto a trabajar: llevaba unos asnos que se habían extraviado de sus dueños.

—¿Qué está ocurriendo? ¿Qué escondes? —le preguntó Mirabel.

—Nada. Ahora estoy muy ocupada, así que mejor que vuelvas a casa —respondió Luisa.

Pero Mirabel se dio cuenta de que sabía algo, así que siguió haciéndole preguntas. Al final, Luisa estalló. Sobrepasada por sus emociones, le contó todo lo que realmente sentía y cosas que había escondido en lo más profundo de su ser. Admitió que se sentía muy presionada porque cargaba con los problemas de todo el mundo.

Mirabel, que se había quedado sin palabras, se limitó a envolver a su hermana con sus brazos.

—No tenía ni idea —le dijo.

Luisa también le dio un abrazo, **un abrazo muy fuerte**, y soltó un profundo suspiro de alivio. Después, miró a su hermana pequeña y admitió que, cuando Mirabel había visto las grietas, ella había sentido que le flaqueaban las fuerzas.

—Espera, ¿qué quieres decir? ¿Qué crees que está pasando con la magia? —preguntó Mirabel.

—No lo sé. Pero una vez oí que los adultos decían que, antes de que Tío Bruno se fuera, tuvo una especie de visión terrible relacionada con la magia —respondió.

Mientras Luisa se disponía a volver al trabajo, Mirabel se quedó pensando en la visión, preguntándose qué habría mostrado.

—Si le pasa algo a la magia, deberías empezar a buscar respuestas en la torre de Bruno —le aconsejó Luisa—. Busca esa visión.

Mirabel entró en la espeluznante torre de Bruno. Todo estaba oscuro y polvoriento. Caía arena del techo, tanta que Mirabel apenas podía ver.

—Casita, ¿podrías detener la arena? —preguntó.

A modo de respuesta, los tablones de madera del suelo de la habitación contigua repiquetearon.

—¿No puedes hacer nada en este lugar? —dijo Mirabel, dándose cuenta de lo peligroso que era estar ahí completamente sola—. No me pasará nada. Tengo que hacer esto —se dijo.

Con valentía, la joven avanzó entre la arena ¡y se deslizó por una duna gigantesca! Cuando finalmente llegó abajo del todo, descubrió que se encontraba en una **sala enorme**.

Mirabel iba a tener que subir **cientos de escalones** para salir de allí. En lo alto de todo, vislumbró algo que brillaba intensamente.

Pico bajó volando hasta ella; le pareció que sonreía.

—Oh, hola —le dijo Mirabel—. Cuántos escalones, eh... Al menos ahora tengo compañía.

En ese momento, el tucán alzó el vuelo y llegó arriba con facilidad. Mirabel dio un suspiro y **empezó a subir** la larga escalera.

Cuando al fin llegó a lo alto de la escalera, Mirabel entró en una habitación oscura en la que no había más que un **círculo de arena** en el centro.

—No hay nada... —dijo, confusa.

Sin embargo, entre la arena no tardó en descubrir los resplandecientes fragmentos verdes de la visión de Bruno. Cogió uno y se sorprendió al ver que mostraba una imagen de...

—**¿Soy yo?** —dijo Mirabel.

La sala comenzó a temblar y a desmoronarse, y empezaron a caer **cascadas de arena**. Antes de que un alud la expulsara de la habitación, Mirabel consiguió recoger los fragmentos de la visión.

Mirabel fue directa a su habitación para intentar reconstruir la visión de Bruno. De pronto, entró Tía Pepa, y la joven tuvo que apresurarse a esconder los trozos. Como quien no quiere la cosa, le preguntó por Bruno.

—Aquí no hablamos de Bruno —respondió Pepa de forma tajante.

En ese momento, entró también el marido de Pepa, Tío Felix, que le contó a Mirabel que, siempre que Bruno veía el futuro, ocurrían desgracias.

Todos coincidían en que, con las ratas que lo acompañaban y sus horribles visiones, Bruno era un **hombre terrorífico**. ¡La gente temblaba con solo oír su nombre!

Mirabel se arrepintió de haber sacado a Bruno a colación y se dio cuenta de que tendría que buscar las respuestas por su cuenta. Y sabía que tenía que darse prisa, porque **Luisa estaba perdiendo su don**: ¡le había costado mover una maceta!

Cuando por fin Mirabel pudo estar a solas, juntó los fragmentos de la visión **como si de un puzle se tratara**. Y, entonces, apareció una imagen: era Casita, llena de grietas ¡y con Mirabel justo en el centro!

La joven observó la imagen, atemorizada, intentando entender qué significaba aquello. Entonces, oyó que su padre le recordaba que era hora de prepararse para recibir a los Guzmán.

—¡Mirabú! —la llamó—. ¿Te has arreglado para la fiesta? Porque yo ya estoy listo...

Agustín entró en la habitación y, al ver la imagen de la visión, los ojos casi se le salieron de las órbitas. Al verse descubierta, Mirabel se desahogó y **le contó toda la historia**.

Después de guardarse rápidamente todos los fragmentos en los bolsillos, Agustín esbozó una sonrisa forzada y dijo:

—**No diremos nada**. La Abuela quiere que esta noche sea perfecta.

Para su horror, Mirabel vio que Dolores, incapaz de contenerse, se acercaba a Camilo y le contaba lo que había oído. De manera lenta pero imparable, **el secreto fue pasando** de un miembro a otro de la familia, y la «noche perfecta» se llenó de tensión.

Sin que Agustín se diera cuenta, el coatí de Antonio le robó los fragmentos de la visión de los bolsillos y se puso a montarlos. Y, por si todo esto fuera poco, ¡de pronto Mirabel vio que el suelo empezaba a agrietarse!

Para intentar acelerar la velada, Mirabel incluso le dio una patadita en una rodilla a Mariano para instarlo a que propusiera matrimonio a Isabela.

—Isabela... la más grácil de la familia Madrigal... —empezó Mariano con torpeza.

Pero, en ese momento, las grietas se expandieron y Casita comenzó a fallar. La Abuela Guzmán ahogó un grito y exclamó:

—¡¿Qué está pasando?!

—¡Mirabel ha encontrado la visión de Bruno! ¡Ella misma aparece en la visión y va a destruir la magia! ¡Estamos perdidos! —exclamó Dolores.

Mientras los poderes de todos se descontrolaban, se desató el caos. Las emociones de Pepa provocaron una tormenta que asustó a los animales de Antonio, y a Isabela le brotaron flores de los dedos que impactaron de lleno en la cara de Mariano.

A pesar de los ruegos de la Abuela, los Guzmán se marcharon.

Toda la familia se quedó mirando a Mirabel. Ella intentó defenderse diciéndoles que no era su culpa, sino de la visión de Bruno.

Pero, entonces, enmudeció: acababa de ver un brillo verde que se movía. ¡Unas ratas se estaban llevando los fragmentos de la visión!

Mirabel se fue disimuladamente y las siguió, primero a través de una entrada secreta y después por un oscuro pasadizo que quedaba por detrás de las paredes.

De repente, un destello de luz reveló una presencia: ¡era Tío Bruno!

Sus miradas se cruzaron un segundo antes de que el hombre echara a correr.

—¡ESPERA! —gritó Mirabel. E intentó alcanzarlo, persiguiéndolo por los tortuosos pasadizos.

Bruno saltó por encima de un abismo y Mirabel lo siguió. Pero cuando ella aterrizó del salto, ¡el suelo se desmoronó! Mirabel se agarró con un dedo.

—¡SOCORRO! —gritó. Justo antes de resbalarse, alguien la agarró de la mano.

—Estás muy sudada —dijo Bruno, tratando de sostenerla.

Mirabel lo miró sorprendida... No daba ni una pizca de miedo.

Entonces, ¡el suelo de debajo de Bruno cedió! Mirabel se agarró a un palo que sobresalía y consiguió coger a su tío de la capucha, pero se le acabó escapando y Bruno se precipitó en la oscuridad… ¡para aterrizar al cabo de un segundo!

Por suerte, no se trataba de un abismo. Mirabel y Bruno salieron trepando del agujero.

—Adiós —dijo Bruno, antes de volver a salir corriendo.

Mirabel lo siguió hasta llegar a una habitación.

—Nunca te fuiste —le dijo, observando todas sus cosas.

Cuando le preguntó sobre la visión, él le explicó que la tuvo la noche en la que ella no obtuvo ningún don. Se la describió de tal manera que Mirabel sintió que estaba viendo como su tío tenía de nuevo la visión en la que la casa se rompía y la magia estaba en peligro. La visión en la que aparecía... ella misma. Tío Bruno no sabía qué significaba, pero suponía que el destino de la familia estaba ligado al de Mirabel.

Aunque al principio Bruno se resistió, finalmente Mirabel lo convenció para que tuviera **otra visión**.

De pronto, Pico llegó volando, acompañado de Antonio y los otros animales.

—**Las ratas me lo han explicado todo** —dijo el niño, dispuesto a ayudarlos.

Cuando Mirabel la acusó de preocuparse solo de ella misma, Isabela la culpó a ella de arruinar siempre las cosas.

—¡Nada se ha arruinado! —exclamó Mirabel—. Aún puedes casarte con ese estúpido grandullón...

—¡YO NUNCA HE QUERIDO CASARME CON ÉL! —bramó Isabela—. ¡¡LO HACÍA POR LA FAMILIA!!

Tras estas palabras, ocurrió algo muy extraño: en vez de flores perfectas, ¡Isabela creó un cactus lleno de espinas!

Mientras Isabela seguía explicándole lo que de verdad sentía, **de la punta de sus dedos fueron surgiendo plantas nuevas y únicas**. Mirabel la animó a seguir, y las dos acabaron disfrutando juntas de esas maravillosas creaciones.

Mirabel sonrió al ver que la vela de la Abuela **resplandecía con intensidad.**

Llena de entusiasmo, Isabela le dio un fuerte abrazo a Mirabel y la llevó a través de un colorido caleidoscopio de plantas y flores. Las hermanas aterrizaron en el patio, riendo y divirtiéndose juntas. Ahora se miraban de una manera nueva, llenas de **gratitud, amor y respeto.**

Sin embargo, cuando la Abuela vio esas plantas tan extrañas, se puso furiosa. Su voz enfadada interrumpió el entrañable momento.

—¿Qué has hecho? —gritó.

Mirabel le explicó a la Abuela que la vela brillaba con fuerza, pero la anciana se puso aún más furiosa.

—¿De qué estás hablando? ¡Mira la casa! ¡Mira a tu hermana! —le gritó.

Mirabel le rogó que la escuchara.

—Isabela no era feliz...

—¡Claro que no! ¡Has arruinado su compromiso! —la interrumpió la Abuela.

Mirabel insistió en que ella estaba destinada a salvar la magia, pero la Abuela siguió gritándole.

—¡Tienes que parar, Mirabel! ¡Las grietas empezaron por tu culpa!

Un temblor sacudió todo Encanto.

—Bruno se fue por tu culpa —siguió la Abuela—. Y también es tu culpa que Luisa esté perdiendo su don y que Isabela esté fuera de control. No sé por qué no recibiste un don, ¡pero eso no es excusa para que hagas **daño a esta familia**!

Al ver que aparecían más grietas por las paredes de Casita, Mirabel no supo qué responder. Pero, entonces, se dio cuenta de que las grietas se dirigían hacia la Abuela.

—Para ti, nunca seré lo suficientemente buena —dijo la joven—. Por mucho que lo intente. Por mucho que todos nosotros lo intentemos.

Entre ellas se abrieron más grietas, que se expandieron por Encanto destrozándolo todo a su paso.

—¡**Yo amo a esta familia!** —le gritó Mirabel—. ¡El milagro se está esfumando por tu culpa!

Una profunda grieta estuvo a punto de partir a Casita en dos. Avanzó serpenteante hacia la vela e hizo que esta se tambalease.

—¡No, no, no! ¡La vela! —exclamó Pepa.

Todos echaron a correr hacia la vela, pero empezaron a tropezarse a medida que su magia se iba desvaneciendo. ¡Todas sus puertas desaparecieron y sus dones se esfumaron! La casa intentó desesperadamente conducir a todo el mundo hacia un lugar seguro.

Con valentía, Mirabel corrió por el tejado y llegó hasta la vela justo cuando la torre de Bruno empezaba a desplomarse sobre ella. Casita apartó a Mirabel justo a tiempo.

La llama se apagó, y Casita se desmoronó y quedó reducida a un montón de escombros.

Mirabel se quedó de pie, estupefacta y abatida, en medio de la ruina. El hogar que tanto amaba había quedado destrozado. El pueblo también se derrumbó y las grietas se propagaron por todo Encanto.

Cuando oyó que su familia empezaba a discutir, Mirabel deseó desaparecer. Contempló las montañas agrietadas que rodeaban Encanto y se marchó hacia allí, completamente sola.

Mirabel corrió lo más lejos y lo más rápido que pudo, hasta que tropezó y se cayó al lado de la orilla de un río. Se sentó en una roca y contempló su propio reflejo en el agua. Momentos después, una voz tranquila le habló a sus espaldas.

—Mirabel...

Era la Abuela.

Mirabel empezó a disculparse, incapaz de contener el torrente de palabras que le salía.
—Lo siento... No quería hacer daño a nadie... —dijo con la cara bañada en lágrimas.
La Abuela observó el agua del río.
—Nunca había sido capaz de volver aquí. En este río... es donde se produjo el milagro...
Mirabel supo que era allí donde había perdido al Abuelo Pedro.

La Abuela compartió con ella sus recuerdos de Pedro. Le habló del **amor que se tenían** y de la última noche que habían pasado juntos.

Luego le confesó que tenía miedo de perder el milagro por el cual Pedro se había sacrificado. Por ese motivo era tan exigente con su familia: estaba desesperada por mantener viva la magia. Finalmente, se giró hacia Mirabel y le dijo:

—Tú nunca has hecho daño a nuestra familia, Mirabel. Todo esto es por mi culpa.

Mirabel miró a la Abuela con tristeza y compasión. Justo en ese momento, le llamó la atención una mariposa que revoloteaba cerca de un junco que crecía en el río. La joven vio como se posaba en el junco y, entonces, cogió a la Abuela de las manos y **la ayudó a entrar en el agua**.

Mientras se acercaban a la mariposa, Mirabel le recordó a la Abuela todo lo que había hecho por la familia.

—Has soportado mucho, y durante mucho tiempo, porque no hay nada que te importe más que nuestra familia.

La Abuela notó que dentro de ella estaba cambiando algo. Y mientras el sol se asomaba entre las nubes, miró a Mirabel llena de orgullo.

—Pedí ayuda a mi Pedro, y es **a ti a quien me ha mandado, Mirabel...**

Envolvió a su nieta en un abrazo y aparecieron más mariposas, que **revolotearon a su alrededor.**

En ese momento, llegó Bruno a caballo. Para su sorpresa, la Abuela también lo abrazó. Los tres se subieron al corcel de Bruno y se alejaron del río.

—¿Qué ocurre? ¿A dónde vamos? —preguntó Bruno.

—A casa —dijo Mirabel, marcando el camino.

Mientras tanto, Encanto había quedado sumido en una inquietante oscuridad. Nadie decía nada: estaban convencidos de que todo estaba perdido.

De pronto, Antonio ahogó un grito al ver algo en la distancia.

El niño señaló hacia el horizonte: allí, brillando con intensidad, llegaba Mirabel a caballo, ¡con la Abuela y Bruno sentados detrás de ella!

Una nube de **resplandecientes mariposas** los seguía mientras cabalgaban al encuentro de su familia.

El caballo se detuvo delante de las ruinas de la casa. Mirabel se apeó y se detuvo un momento a contemplar los daños.

—Todo saldrá bien —dijo.

La joven miró a su familia y les explicó que todos ellos eran mucho más que sus dones mágicos.

La Abuela llegó junto a Mirabel y les pidió perdón a todos. Les contó que se había centrado demasiado en lo malo porque tenía miedo de perderlos. A continuación, pidió a Bruno que se acercara y, con lágrimas en los ojos, vio como sus trillizos se reunían en un abrazo.

Mirabel, que seguía junto a la Abuela, se sintió orgullosa cuando la oyó repetir sus palabras: le dijo a toda la familia que lo realmente mágico y milagroso no eran sus dones, sino la existencia de cada uno de ellos.

De repente, oyeron algo y, al darse la vuelta, la familia Madrigal se encontró con algo increíble: la gente del pueblo había cruzado la montaña para **acudir a ayudarlos**.

Trabajando todos juntos, **codo con codo**, apartaron los escombros y reconstruyeron su hogar.

Cuando terminaron, Mirabel y la Abuela admiraron a Casita, **apreciando la belleza** de sus imperfecciones.

Cuando llegó la hora, la Abuela le dio a Mirabel la última pieza de la casa que faltaba por colocar: **el pomo de la puerta** que había recibido Mirabel el día de su ceremonia tantos años atrás.

Mirabel miró su reflejo en el pomo y sonrió. A continuación, lo colocó en la puerta principal de la casa y... ¡FSHHH! ¡Casita volvió a la vida!

Las mariposas empezaros a revolotear por todo Encanto, arreglando las grietas y restaurando su esplendor.

La magia volvió incluso más fuerte que antes y todo el mundo recobró su don especial.

Mirabel estaba orgullosa de ser una Madrigal, y ahora sabía que tenía el mejor don de todos: era capaz de ver la magia que había dentro de cada uno.